AF586171

FRAGMENTS

DE

LÉNOR,

Opéra en 4 actes.

FRAGMENTS

DE

CYMODOCÉE,

Opéra en 5 actes.

LÉNOR,

OPÉRA EN QUATRE ACTES.

PAROLES DE M. TESSIÉ DU MOTAY,

MUSIQUE DE M. EUGÈNE DE FRESNE.

FRAGMENTS DES DEUX PREMIERS ACTES.

PERSONNAGES :

LE ROI DE HONGRIE.
WILHEM, cavalier houlan.
ZIMBRIS, nécromancien.
LÉNOR, jeune orpheline hongroise.
HOULANS.
SEIGNEURS HONGROIS.

PAGES, ÉCUYERS de la suite du Roi.
PAYSANS.
DAMES DE LA COUR.
PAYSANNES.
SPECTRES.

La scene se passe vers l'an 1500, pendant les guerres des Hongrois contre les Turcs.

ACTE IER.

Le théâtre represente une place publique dans un village hongrois, sur la frontière de Turquie. — Au premier plan, à droite du spectateur, une auberge abritée d'une treille de vigne ; à gauche, la chaumière de Lénor. — Au second plan, au centre de la place, une petite chapelle derriere laquelle on aperçoit, à droite et à gauche, dans le lointain, le camp des houlans hongrois. — A droite, un village.

SCÈNE PREMIÈRE.

WILHEM, LES HOULANS HONGROIS

(Ils sont tous attablés sous le treillis de vigne.)

CHOEUR.

LES HOULANS. Au galop. — en avant,
Répétons notre cri de guerre.
Au galop. — en avant,
Hourra ! mort au croissant.

Au galop, — en avant,
Exterminons le janissaire.
Hourra! hourra! c'est le cri du houlan!

(Wilhem se lève.)

CHANSON. — 1er COUPLET.

WILHEM.

Comme un lion sur une proie,
L'heureux houlan, le fier houlan,
Court et bondit, ivre de joie,
Quand il poursuit un Ottoman (*bis*).
Le sort veut-il que l'infidèle
Soit du combat, — maître un instant,
Il apparaît, et pêle-mêle,
Le Turc a fui, couvert de sang (*bis*).
Si Mahomet promit naguère
Aux successeurs des fils d'Osman
La royauté de cette terre,
Il a compté sans le houlan (*bis*).

LE CHŒUR.

Au galop, — en avant,
Répétons notre cri de guerre.
Au galop, — en avant,
Hourra! mort au croissant.
Au galop, — en avant,
Exterminons le janissaire.
Hourra! hourra! c'est le cri du houlan!

WILHEM.

Traînant toujours la gloire en croupe,
L'heureux houlan, le fier houlan,
Au côté droit porte pour coupe
Le crâne ouvert d'un Ottoman (*bis*).
Comme le glaive et la tempête,
La mort l'a pris pour desservant;
Sous lui le Turc courbe la tête,
Tel qu'un sapin battu du vent (*bis*).
Si Mahomet promit naguère
Aux successeurs des fils d'Osman
La royauté de cette terre,
Il a compté sans le houlan (*bis*).

LE CHŒUR.

Au galop, — en avant, etc.

SCÈNE II.

LES PRÉCÉDENTS; ZIMBRIS, entrant.

ZIMBRIS. Insensés que vous êtes,
Quand peut-être sur vous de la fatalité
Plane comme un vautour le secret redouté,
Vous chantez la victoire et célébrez ses fêtes.
De vos destins, pourtant, si ma voix déroulait
L'immuable mystère,
Plus d'un frissonnerait qui jadis s'en allait,
Le cœur joyeux, poussant son noble cri de guerre.

WILHEM. Quel est cet insolent, ce moraliste austère,
Qui parle de destin et de fatalité,
Comme ferait un moine, un évêque, un saint-père?

(A Zimbris, d'un ton railleur.)

Qui donc es-tu, prophète auquel on ne croit guère ?
Parle; au nom de quel roi, de quelle déité,
Viens-tu changer en fiel le nectar de mon verre ?

(Zimbris, à Wilhem.)

ZIMBRIS. Tu le sauras bientôt.

(Aux houlans.)

Vous, écoutez-moi bien.
Je suis Zimbris, le nécromancien.

CHŒUR. Ah ! le plaisant trouble-fête,
Ah ! ah ! comme il parle bien.
Ah ! ah ! l'amusant prophète
Que ce nécromancien !

AIR.

ZIMBRIS. Du nord au sud, du couchant à l'aurore,
Mon nom est révéré.
De mon savoir en tous lieux on honore
Le mystère sacré.
Interrogeant les cieux et les étoiles,
Je puis de l'avenir
Sonder l'abîme et soulever les voiles,
Au gré de mon désir (*bis*).

LE CHŒUR. Ah ! le plaisant trouble-fête, etc.

(Zimbris continue.)

ZIMBRIS. Empires et provinces.

Royaumes et cités,
Marquisats et comtés,
Empereurs, rois et princes,
Hospodars, chevaliers,
Burgraves, écuyers,
Barons, seigneurs et pages,
Jeunes, vieux, fous et sages,
En moi, du Gange au Rhin,
Ont reconnu des mages
Le pouvoir souverain......
De l'Achéron, comme un autre Thésée,
J'ai fait gémir les bords ;
J'ai contemplé la fournaise embrasée
Où se tordent les morts !...
Terres et cieux, enfer, soleil, étoiles,
Souffrances et plaisirs,
Ont soulevé leurs secrets et leurs voiles,
Au gré de mes désirs.

LE CHŒUR. Consultons cet interprète [1]
Du bon et du mauvais destin.

ZIMBRIS. Que chacun de vous s'apprête
A me montrer les lignes de sa main !

(Il va de l'un à l'autre et leur parle successivement.)

— Tu dois des Zingari pratiquer la magie.
— Tu seras tavernier. — Et toi, chef de bandits.
— Tu finiras tes jours dans l'ivresse et l'orgie.
— Vous, craignez le destin que craignent les maris.

(Wilhem, d'un ton moitié railleur.)

WILHEM. Et moi, je veux aussi savoir ma destinée
Fidèlement, et d'année en année.

(Zimbris regarde les mains de Wilhem et recule épouvanté.)

Pourquoi recules-tu? Sans hésitation,
Commence. Je me ris de ta prédiction.

ZIMBRIS. Tu penses épouser une jeune orpheline :
Lénor, candide enfant, douce fleur d'aubépine.

(Wilhem, sardoniquement.)

WILHEM. Le beau magicien ! C'est le secret de tous.

ZIMBRIS. Mais tu mourras.

(Wilhem, toujours sur le même ton.)

WILHEM. Vrai Dieu ! mes amis, qui de nous
Est éternel?

[1] NOTA. Les vers imprimés en petit-texte ont été supprimés pour le concert.

ZIMBRIS. Tu mourras, avant même
D'être l'époux maudit
Du pauvre ange qui t'aime!

WILHEM. Est-ce Satan qui te l'a dit?

(Zimbris entraîne Wilhem de l'autre côté de la scène.)

ZIMBRIS. Au sac d'une ville en Bohême.
N'as-tu donc pas, damné,
De tes mains profané
Du Seigneur l'asile suprême?

(Wilhem, avec colère.)

WILHEM. Tu mens!

(Zimbris continue.)

ZIMBRIS. Puis, n'as-tu pas, sacrilége abhorré,
Jeté l'hostie à terre et bu le vin sacré?

WILHEM. Tu ments!

ZIMBRIS. Si je mentais, le rire et l'ironie
Dans ta bouche et tes yeux grimaceraient encor!

(Wilhem, avec une colère concentrée.)

WILHEM. Tu dois sans doute, infaillible génie,
Connaître l'heure de ta mort?

(Zimbris, d'un ton ferme et solennel.)

ZIMBRIS. Oui, Wilhem, aussi bien que je connais la tienne.

(Wilhem éclate.)

WILHEM. Prophète, d'où vient donc que tu ne trembles pas?
Car je prends à témoin et ton âme et la mienne.
Qu'à l'instant va sonner l'heure de ton trépas

Il tire son sabre et s'apprête à en frapper Zimbris qui reste immobile devant lui et lui jette un regard terrible.

SCÈNE III.

LES PRÉCÉDENTS; LÉNOR.

(Lenor, qui est apparue sur le seuil de sa chaumière au moment où Wilhem tire son sabre, se jette entre lui et Zimbris.—A Wilhem.)

LÉNOR. Arrête! garde-toi, pour venger un outrage,
D'ensanglanter le jour de notre mariage.
Wilhem, rappelle-toi,
Si ton cœur irrité se révolte et murmure,
Que Dieu même a prêché le pardon de l'injure.
Wilhem, rappelle-toi,
Par respect pour ta mère et par amour pour moi,
Qu'un vieillard est sacré comme le front d'un roi.

(Wilhem, à Lénor.)

WILHEM. Pourquoi cet imposteur, ce suppôt du mensonge,
M'a-t-il calomnié ?

(Zimbris entraîne Wilhem de l'autre côté de la scène.)

ZIMBRIS. Veux-tu, devant Lénor,
Que de nouveau je déroule ton sort ?
Inexorable gouffre où ton crime te plonge.

(Wilhem, avec un geste de terreur.)

WILHEM. Tais-toi ! tais-toi !

(Les houlans répètent les paroles de Lénor.)

LÉNOR. Wilhem, écoute-moi.
Il faut du vieillard qu'on offense
Craindre les malédictions ;
Elles menacent l'existence
De terribles punitions ;
Et je frémis lorsque je pense
Qu'elles évoquent les démons.

ZIMBRIS. Il faut du vieillard qu'on offense
Craindre les malédictions ;
Elles menacent l'existence
De terribles punitions ;
Elles appellent la démence,
Elles évoquent les démons.

WILHEM. Faut-il du vieillard qui m'offense
Craindre les malédictions ;
Je ne puis croire à l'existence
De terribles punitions,
Et je souris lorsque je pense
Que l'on peut craindre les démons.

(Lénor prend Wilhem par la main.)

LÉNOR. Mon Wilhem, cher amant, apaise ta colère...
Quand de notre union le jour est arrivé,
Quand l'Eternel exauce ma prière,
Ne songe qu'à l'hymen, ce bonheur tant rêvé.

(Zimbris, à part.)

ZIMBRIS. L'heure du désespoir n'est pas encor sonnée.

(Wilhem, à Lénor.)

WILHEM. Pour toujours, je vais donc te presser dans mes bras ;
Pour toujours... A bientôt...

LÉNOR. Tu me quittes, hélas !

WILHEM. Je reviens.

LÉNOR. Mais vêtu de l'habit d'hyménée.

(Wilhem s'en va avec les houlans en chantant.)

WILHEM. Au galop, en avant! etc.

SCÈNE IV.

LES PRÉCÉDENTS, moins WILHEM et les Houlans; UN INCONNU, enveloppé d'un manteau au fond du théâtre.

(L'inconnu regarde Wilhem s'éloigner.)

L'INCONNU.
Ce houlan, sur mon âme,
Ne deviendra jamais l'époux de cette femme!

(Zimbris, à Lénor.)

ZIMBRIS.
Bien que vous ayez cru votre amant outragé,
Lénor, vous m'avez protégé
Contre les coups d'une injuste colère.
Dans un danger prochain, à mon tour, noble cœur,
Je veillerai sur vous, ainsi qu'un autre père,
Et que du mauvais sort Dieu nous rende vainqueur.

(Il s'éloigne.)

SCÈNE V.

LÉNOR, sur le devant de la scène; L'INCONNU, derrière elle.

LÉNOR. D'où vient ce trouble affreux, et que viens-je d'entendre?

(L'inconnu, à part.)

L'INCONNU. Une dernière fois, jetons-nous à ses pieds.

(Il s'avance vers Lénor, et se jette à ses pieds.)

(Lénor, avec effroi.)

LÉNOR. Vous ici, vous encor : fuyez!

L'INCONNU. Non... non!

(Lénor, impérieusement.)

LÉNOR. Fuyez!

L'INCONNU. Fais trêve à ces dédains, que je ne puis comprendre.

LÉNOR.
Pourquoi m'obséder chaque jour?
Mon cœur, vous le savez, nourrit un autre amour!

(L'inconnu, avec emportement.)

L'INCONNU.
Et que m'importe... Je vous aime,
Et vous serez à moi.

(Lénor, avec indignation.)

LÉNOR.
Qui, moi! jamais... pas même
Si vous étiez le roi!

(L'inconnu, avec stupéfaction.)

L'INCONNU. Qui vous a dit...

(Il laisse tomber son manteau et laisse voir, sur ses vêtements, les insignes de la royauté. — Lénor, avec effroi.)

LÉNOR. Le roi !

(Avec accablement.)

Que faire ?

(Courant vers la chapelle les mains jointes.)

Seigneur, inspire-moi... ne m'abandonne pas !

(Le roi l'arrête.)

LE ROI. Tu fuis en vain... Je m'attache à tes pas !

(Avec passion.)

Naïve enfant, rose et souple bruyère,
Qu'effleure encor l'haleine du matin,
Cœur aussi pur qu'un rayon de lumière,
Que sur l'autel une étole de lin :
Ange, je t'aime, et donnerais ma vie
Pour un instant écoulé dans tes bras.
Ne maudis plus le bonheur que j'envie.
Un jour peut-être, enfant, tu m'aimeras (*bis*).

LÉNOR. A vous l'éclat de la couronne,
A vous la gloire et la grandeur,
A vous la puissance et le trône ;
A moi l'innocence et l'honneur ;
A vous la belle courtisane,
Riche de grâces et d'atours ;
Mais à moi, pauvre paysanne,
A moi Wilhem et nos amours.

(Impérieusement.) (Tendrement.)

LE ROI. Si j'ordonnais... Mais non, je te supplie.

(Lénor, avec force.)

LÉNOR. Wilhem a mon cœur et ma foi !

(Le roi, d'un ton menaçant.)

LE ROI. Wilhem ! tremble pour lui. Lénor, tremble pour toi !

(Lénor, effrayée.)

LÉNOR. Seigneur, épargnez-le. Seigneur, prenez ma vie.

LE ROI. Tremble pour lui, tremble pour toi !

LÉNOR. Seigneur, prenez ma vie,
Mon âme est à Wilhem, quoi que fasse le roi !

ENSEMBLE.

LE ROI.

En vain, dédaignant ma prière,
En vain, méprisant ma colère,
Tu veux m'échapper ou périr.
Ton orgueil accroît mon ivresse :
Lénor, tu seras ma maîtresse :
Rien ne résiste à mon désir.

(Lénor, à part.)

LÉNOR.

J'ai su dédaigner sa prière,
Je saurai braver sa colère ;
Je veux l'éviter ou périr.
Malgré son orgueil, son ivresse,
Je ne serai point sa maîtresse ;
Avec Wilhem, plutôt mourir !

LE ROI.

A mon rival que je déteste,
Je saurai bien t'arracher aujourd'hui.

(Lénor lève les yeux au ciel.)

LÉNOR.

Mon Dieu, mon Dieu, contre un amour funeste,
Je n'ai que vous seul pour appui !

(Reprise de l'ensemble.— Le prince s'éloigne ; Lénor rentre dans sa chaumière.)

ACTE II.

Le théâtre représente une vaste galerie fermée, conduisant du palais des rois de Hongrie à la place d'armes de Presbourg. Cette galerie est percée par de grandes fenêtres gothiques, ouvertes sur la place d'armes. — Elle est entièrement nue.—Un banc de pierre meuble seul le devant de la scène.

A la fin du premier acte la prédiction de Zimbris s'est à moitié accomplie. — Séparé de Lénor, au moment même des fiançailles, par les ordres secrets du roi, Wilhem est parti pour combattre les Turcs. — Lénor, restée seule, a été violemment enlevée et conduite comme prisonnière dans le palais de Ladislas.—C'est là que nous la retrouvons dans ce second acte, au moment où, après une vaine tentative d'évasion, prête à servir de proie à l'amour infâme du roi, elle vient, pour comble d'infortune, d'apprendre la mort de Wilhem.

SCÈNE V.

Lenor repose inanimée sur le banc de pierre.—Tout à coup l'orchestre indique, sur des modulations prises au chant des houlans du 1er acte, le galop d'un cheval. — Lénor, revenant peu à peu à elle, puis le corps appuyé sur la main, se redresse ou s'affaisse tour à tour, selon que le bruit qu'elle entend semble augmenter ou diminuer. — Le théâtre, d'abord plongé dans une obscurité profonde, s'éclaire peu à peu aux rayons de la lune qui monte lentement à l'horizon, et dont on aperçoit le disque pâle à travers les vitraux d'une des fenêtres gothiques.

LÉNOR.

Un bruit étrange a frappé mon oreille...
Je dormais au tombeau... Voilà que je m'éveille.

(Écoutant, le front appuyé sur le mur.)

Le galop d'un cheval me martèle le front,
Et dans mon cœur un écho lui répond.
Si c'était !... Vain espoir, vain rêve...
Cependant le cheval s'arrête dans la cour...
Strident comme le bruit des cailloux de la grève,
L'éperon d'un houlan retentit sous la tour.
Dieu !... sur ses gonds de fer, la porte roule et crie.
Si c'était lui !... Mais non, il a perdu la vie.

(S'affaissant de nouveau.)

Pâle lueur éteins-toi sans retour.

(Elle retombe inanimée sur le banc.)

SCÈNE VI.

Wilhem apparaît sur la scène, pâle comme un mort, les vêtements en désordre, s'avance d'un pas mesuré et pour ainsi dire fatal, jusqu'au centre de la galerie, s'arrête tout à coup et demeure immobile à la place qu'il a choisie. Un rayon de la lune sillonne son visage, et ajoute encore à l'effroi que sa pâleur et sa marche de spectre doivent produire sur l'assemblée.

WILHEM.

Réveille-toi, Lénor ; c'est l'heure triomphale
Où les Esprits en chœur chantent l'hymne d'amour,
Où les blondes Willis, sans repos, jusqu'au jour,
Dansent d'un pied léger la ronde nuptiale ;
Où les gnomes, vêtus d'une robe d'opale,
Des eaux et des forêts effleurent le contour.
Bien long est le chemin que nous avons à faire.
Réveille-toi, Lénor ; la lune nous éclaire,
Mon coursier nous attend ; les sylphes, jusqu'au jour,
Vont nous chanter en chœur les refrains de l'amour.

(Lénor, se réveillant comme en sursaut, se levant et jetant sur Wilhem un regard à moitié indécis, à moitié effaré.)

LÉNOR.

Est-ce toi que je viens d'entendre,
Mon Wilhem, est-ce toi ?
Toi qui t'apprête à me défendre
Contre l'amour du roi ?

(Après une pause.)

Ami, je n'osais plus t'attendre.
Ils m'avaient dit que le cercueil
S'était refermé sur ta cendre.
A tes côtés, j'allais descendre,
Wilhem, emportant pour toi seul.

Toujours sans tache et toujours tendre,
Mon amour dans mon blanc linceul...
Est-ce toi que je viens d'entendre,
Mon Wilhem, est-ce toi ?

(Wilhem, toujours immobile.)

WILHEM.

Oui, c'est moi... Je viens te défendre
Contre l'amour du roi.

ENSEMBLE.

LÉNOR.

Après la nuit brille l'aurore,
Mon amant vit et m'aime encore,
Mon cœur s'ouvre aux clartés du jour.
Après l'épreuve et la souffrance,
Un rayon de douce espérance
Double les charmes de l'amour.

WILHEM.

Dans la nuit sans fin, sans aurore,
Sombre abîme, feu qui dévore,
Je veux l'entraîner sans retour.
Au pays où meurt l'espérance,
Les tortures et la souffrance
Doublent les charmes de l'amour.

(Lénor, s'approchant de Wilhem comme pour se jeter dans ses bras, et reculant épouvantée.)

LÉNOR.

Ciel ! ton front est livide, et sur ton beau visage,
On dirait que la mort fait passer un nuage.
Tes bras, pour m'enlacer, ne se sont pas ouverts,
Et je tremble en voyant tes yeux ternes et verts.

(Wilhem, toujours immobile et impassible.)

WILHEM.

La neige, enfant, a glacé mon visage,
Le vent du nord a fait pâlir mon front :
Bien loin d'ici, sur un autre rivage,
A tout jamais mes bras t'enlaceront.

(Lénor se rapproche de Wilhem sur la pointe des pieds, le regarde et recule de nouveau.)

LÉNOR.

Tel qu'un bloc de granit, tu restes immobile :
On dirait en tes dents que la parole oscille.
D'où vient que je frissonne en écoutant ta voix,
Comme au cri de l'orfraie ou du hibou des bois ?

(Wilhem, toujours immobile et impassible.)

WILHEM.

J'arrive, enfant, d'un si lointain voyage,
Que tu me vois les membres engourdis.

Contre le roi, si grande était ma rage,
Qu'entre mes dents, les mots se sont roidis.

(Lénor, même jeu de scène qu'au couplet précédent.)

LÉNOR.
Une tache de sang sillonne ta poitrine,
Et, tels que des bouleaux voilés sous la bruine,
Sous les chairs de ton corps et sous tes vêtements,
Je crois apercevoir de blêmes ossements.

WILHEM.
La lune, enfant, rend mon corps diaphane.
Le sang des Turcs tache seul mon pourpoint.
Mais l'heure passe...

(S'avançant vers Lénor à pas mesurés.)

Allons dans ma cabane,
Sceller l'amour qui ne finira point.

(Lénor recule avec terreur jusqu'à l'extrémité de la scène et se jette à genoux devant Wilhem qui s'arrête un instant.)

LÉNOR.
N'approche pas, fantôme sombre :
De mon Wilhem tu n'es que l'ombre.
Esprit redouté du hameau,
Qui, pour tromper la fille sage,
De son amant revêt l'image,
Quant cet amant dort au tombeau.

(Wilhem reprend sa marche mesurée et s'avance vers Lénor qui demeure stupéfiée.)

WILHEM.
La souffrance t'a rendue folle.

(Saisissant la main de Lenor.)

Relève-toi, le temps s'envole :
N'entends-tu pas ton ravisseur?
Son amour est une souillure,
Et déjà sa pensée impure
A consommé ton déshonneur.

(Lénor se débat et repousse la main de Wilhem.)

LÉNOR.
Laisse-moi, ta main est glacée ;
Laisse-moi, spectre, laisse-moi !

WILHEM.
Lénor, ma douce fiancée,
N'entends-tu pas venir le roi ?
Bien long est le chemin que nous avons à faire,
Hâtons-nous, hâtons-nous ; la lune nous éclaire,
Mon coursier nous attend ; l'autel est préparé.
Ne te souvient-il plus de mon serment sacré ?

(Lénor, avec étonnement.)

LÉNOR.
De ton serment !... Ce mot suprême
A dessillé mes yeux.

(Wilhem, à part.)

WILHEM.
Je le savais. Ce mot suprême
Devait fermer ses yeux.

(Lénor se rapproche de Wilhem.)

LÉNOR.
Je reconnais celui que j'aime.

(Wilhem prend Lénor dans ses bras.)

WILHEM.
Viens sur mon cœur, ô toi que j'aime !

ENSEMBLE.

LÉNOR.
Wilhem, fuyons tous deux :
Partons pour une autre patrie.
Sous un ciel plus heureux,
Qu'enfin un prêtre nous marie.
Wilhem, fuyons tous deux.

WILHEM.
Lénor, fuyons tous deux :
Partons pour une autre patrie :
Dans le pays des feux,
Qu'enfin la tombe nous marie.
Lénor, fuyons tous deux.

(Lénor se laisse d'abord doucement entraîner, puis fait un suprême effort pour échapper à Wilhem.)

LÉNOR.
Wilhem, ta poitrine est glacée :
Laisse-moi, spectre, laisse-moi !

(Wilhem la retient avec force.)

WILHEM.
Lénor, ma douce fiancée,
N'entends-tu pas venir le roi ?

(Silence. — Lutte muette.)

LÉNOR.
Eh bien, je cède à ton empire.
Enfer ou ciel, joie ou délire,
Loin de ces lieux, loin de ces lieux,
Wilhem, Wilhem, fuyons tous deux.

ENSEMBLE.

(Lénor et Wilhem dans les bras l'un de l'autre.)

LÉNOR.
Bien long est le chemin que nous avons à faire.
Hâtons-nous, hâtons-nous; la lune nous éclaire.
Ton coursier nous attend ; l'autel est préparé.
Je me souviens toujours de ton serment sacré !

WILHEM. Bien long est le chemin que nous avons à faire.
Hâtons-nous, hâtons-nous; la lune nous éclaire,
Mon coursier nous attend : l'autel est préparé.
Souviens-toi, souviens-toi de mon serment sacré !

LÉNOR. Heure bénie et triomphale
De notre fête nuptiale,
Toi qui commences l'heureux jour,
Salut, salut, heure d'amour,
Heure d'extase et de tendresse,
Heure de pure et douce ivresse,
Toi le gage d'un si beau jour,
Salut, salut, heure d'amour !

WILHEM. Heure de joie, heure infernale
De notre fête nuptiale,
Toi qui commences l'heureux jour,
Salut, salut, heure d'amour,
Heure d'extase et de tendresse,
Qui mets le comble à mon ivresse,
Toi le gage d'un si beau jour,
Salut, salut, heure d'amour !

(Wilhem entraîne Lénor.)

CYMODOCÉE,

OPÉRA EN CINQ ACTES

(IMITÉ DE M. DE CHATEAUBRIAND),

PAROLES DE M. PITRE-CHEVALIER,

MUSIQUE DE M. EUGÈNE DE FRESNE.

FRAGMENTS DES Ier, IIe, IVe ET Ve ACTES.

PERSONNAGES :

EUDORE, chrétien.
CYMODOCÉE, fiancée d'Eudore.
HIÉROCLÈS, proconsul.
DÉMODOCUS, prêtre d'Homère, père de Cymodocée.
PRÊTORIENS, LICTEURS et SOLDATS ROMAINS.
GLADIATEURS. — PEUPLE.

ACTE Ier.

DEUXIÈME TABLEAU. — SCÈNE Ire.

Maison de campagne d'Hiéroclès, près d'Ostie. — Galerie donnant sur la mer.

HIÉROCLÈS. Ce vaisseau que mes yeux suivaient depuis l'aurore,
J'ai cessé de l'apercevoir.
Cymodocée, enfin, est-elle en mon pouvoir,
Dois-je la perdre encore,
Ou vais-je la revoir?

Voici deux ans qu'aux rivages de Grèce,
Je l'aperçus pour la première fois;
Frappé dès lors de vertige et d'ivresse,
Toujours, partout, c'est elle que je vois!

Qu'elle était belle, aux fêtes de la gloire !
La palme en tête et la lyre à la main,
Menant les chœurs des filles de mémoire,
Au bruit sacré des cymbales d'airain !
Le front penché sous son vert diadême,
Quand ses pieds nus gravissaient les autels,
On croyait voir la déesse elle-même,
Marbre animé par l'amour des mortels.

Depuis deux ans, etc.

(Entrée des gardes, apportant un édit de Galerius.)

Voici l'édit de l'empereur,
Qui donne à tout chrétien la mort et la terreur !
Cet édit, je puis le suspendre,
Ou le lancer au gré de ma fureur !
Ah ! je le suspendrai, car elle vient défendre
Ces chrétiens qui sont notre horreur !...
A quoi bon commander sur la terre et sur l'onde,
Et faire tout plier sous mon bras triomphant ?
Je donne l'empire du monde
A qui me donnera le cœur de cette enfant !

En ce palais, j'ai tout pour la soumettre ;
Mais qu'un regard sur moi tombe plus doux,
Soudain l'esclave aura dompté le maître !
Qu'elle sourie... et je tombe à genoux !
Mieux que César, elle va me prescrire
Les traitements aux chrétiens réservés,
Un mot de haine, et tous vont au martyre :
Un mot d'amour, et tous seront sauvés !

Depuis deux ans, etc.

(Un centurion et des soldats amènent Cymodocée, qu'ils viennent d'arrêter au moment où elle débarquait sur la côte.)

ACTE II.

SCÈNE II. — (LE PRÉTOIRE.)

HIÉROCLÈS sur son tribunal ; EUDORE, entouré de gardes et de licteurs. Au fond du théâtre, la foule. Sur le devant, DÉMODOCUS et CYMODOCÉE.

Hiéroclès vient de condamner Eudore, son rival, à mourir dans le cirque. Cymodocée s'élance de la foule et s'écrie : « Je suis chrétienne ! »

CYMODOCÉE.

Oui, le Dieu qu'il adore
Est le mien aujourd'hui !
Chrétienne comme Eudore,
Frappez-moi comme lui !

ENSEMBLE.

DÉMODOCUS.

Quoi ! plus de frein qui la retienne !
Elle en convient, elle est chrétienne !
Est-ce l'amour, est-ce la foi ?
Fatal amour, foi que j'ignore !
Cruelle enfant ! Mort que j'implore,
Epargne-la, ne prends que moi !

HIÉROCLÈS.

Quoi ! plus de frein qui la retienne !
Elle en convient, elle est chrétienne !
Est-ce l'amour, est-ce la foi ?
Trois fois malheur sur cet Eudore !
En vain pour lui Rome m'implore :
Il va mourir ! elle est à moi !

EUDORE.

Non, plus de frein qui la retienne !
Elle en convient, elle est chrétienne !
Et par l'amour et par la foi !
Fatal amour ! foi qui dévore !
O Dieu vengeur qu'ici j'implore,
Epargne-la, ne prends que moi !

CYMODOCÉE.

Non, plus de frein qui me retienne !
Oui, j'en conviens, je suis chrétienne !
Et par l'amour, et par la foi !
Amour divin ! foi qui dévore !
Si votre arrêt condamne Eudore,
Auprès de lui, condamnez-moi !

CYMODOCÉE. Frappez-moi de votre anathème !

EUDORE. Cymodocée !

DÉMODOCUS. O ciel ! ai-je bien entendu ?

CYMODOCÉE. Oui, tous vos dieux, je les blasphème !

EUDORE. Sans me sauver, vous vous perdez vous-même !

CYMODOCÉE. La perte est le bonheur, quand vous êtes perdu.

DÉMODOCUS. Toi chrétienne, ma fille, ô sang des Homérides !
Toi, vierge consacrée aux neuf Muses Piérides !

CYMODOCÉE. Oui, mon père, pardonnez-moi !
J'attendais jusqu'ici pour vous ouvrir mon âme,
Que sur vous l'Esprit-Saint fît descendre sa flamme
Et briller à vos yeux la véritable loi !

DÉMODOCUS. Ah ! pitié pour nous deux ! Daigne épargner encore
Ma vie à son déclin, la tienne à son aurore !

(A Hiéroclès.)

Mais, seigneur, ne l'écoutez pas ;
Son dévoûment seul pour Eudore
Egare dans ces lieux sa parole et ses pas.

(A Hiéroclès.)

DÉM. et EUD. Non, seigneur, ne l'écoutez pas ;
Son dévoûment seul pour Eudore
Egare dans ces lieux sa parole et ses pas !

CYM. à EUD. Notre Dieu défend le mensonge,
Eudore, ce n'est pas un songe,
Ce jour où, par ton bras proscrit,
Sur mon front l'eau sainte versée,
Fit de ta pâle fiancée,
Une fille de Jésus-Christ !

CYM. et EUD. Notre Dieu défend le mensonge,
Non, non, ce n'est pas un vain songe,
Ce jour où par {mon / son} bras proscrit,
Sur {mon / ton} front l'eau sainte versée,
Fit de {ma / ta} pâle fiancée,
Une fille de Jésus-Christ !

(Reprise de l'ensemble.

HIÉROCLÈS. Eudore subira dès demain son supplice,
Aux lions du cirque livré.
Licteurs, assurez-vous de sa jeune complice,
Et seule en sa prison je l'interrogerai !
(Les gardes séparent Cymodocée de son père.

ENSEMBLE.

EUDORE. Quoi ! plus d'appui qui la soutienne ?
Pitié, seigneur, pour la chrétienne,
Pour son amour et pour sa foi !
A vos genoux voyez Eudore !
C'est un mourant qui vous implore,
Grâce pour elle ! et frappez-moi !

HIÉROCLÈS. Plus rien ici qui la soutienne,
Nous allons voir, jeune chrétienne,
Si mon amour vaincra ta foi !
On ne meurt pas à son aurore.
Je la délivre, et frappe Eudore,
Elle vivra, mais c'est pour moi !

CYMODOCÉE. Plus de pitié qui vous retienne,
Frappez ! je veux mourir chrétienne,
Et par l'amour et par la foi !
Amour divin, foi qui dévore,
Pour vous, mon père, ils vont éclore,
Consolez-vous, bénissez-moi !

DÉMODOCUS. Quoi ! plus d'appui qui la soutienne ?
Pitié, seigneur, pour la chrétienne,
Pour son amour et pour sa foi !
A vos genoux, avec Eudore,
C'est un vieillard qui vous implore,
Grâce pour elle, et frappez-moi !

LE PEUPLE. Plus de pitié qui la soutienne !
Honte et malheur sur la chrétienne,
Sur son amour et sur sa foi !
Au nom des dieux que Rome adore,
Si son retour ne les implore,
A mort ! à mort ! telle est la loi !

Les licteurs entraînent Eudore d'un côté, Cymodocée de l'autre. Démodocus tombe dans les bras des assistants. Hiéroclès descend de son tribunal. Le rideau baisse.

ACTE IV.

Scène IV. Chez Démodocus.

CYMODOCÉE, DÉMODOCUS endormi.

(Cymodocée, enlevée de sa prison par les chrétiens, a été rendue à son père, qui vient de célébrer sa délivrance, et s'est endormi, consolé, sur un lit de repos. A ce moment Cymodocée apprend qu'Eudore n'a pu être sauvée avec elle. On lui remet une Bible, dernier souvenir de son fiancé. Aussitôt sa résolution est prise.)

(Cymodocée sur le devant de la scène.)

CYMODOCÉE.
Eudore va mourir ! et moi je pourrais vivre !
A notre arrêt commun j'échapperais sans lui !
Non ! je dois et je veux le suivre !

(Elle va vers son père.)

Mais mon père ! grand Dieu ! quel sera son appui ?
Sans avoir ses adieux, le quitter, pauvre père,
L'abandonner dans son sommeil !
Quand il rêve pour moi quelque destin prospère,
Lui laisser ma mort pour réveil !
Jamais ! ce crime est impossible !

(Silence et reflexion.)

Consultons Dieu lui-même en son livre inflexible.

(Elle va vers la Bible déposée sur la table.)

Oracle des chrétiens, voix sainte de la Bible
Dernier présent d'Eudore, autorité terrible,
J'écoute à genoux ton conseil !

(Elle s'agenouille, ouvre le livre et lit :

« Pour l'épouse droite et fidèle
« Le joug du devoir sera doux :
« Elle abandonnera la maison paternelle
« Pour suivre en tous lieux son époux ! »

(Elle se lève avec résolution et va vers son père.)

Dieu le veut, reçois, ô mon père,
Ce baiser pour dernier adieu ;

(Elle baise les mains de Démodocus.)

Jusqu'au jour heureux que j'espère,
Au revoir !... au revoir !... mon père,
Au revoir !... bientôt !... près de Dieu !

(Elle s'avance sur la scène.)

Et toi qui croyais, cher Eudore,
Aller au martyre sans moi!
Apprends que je préfère encore
Le trépas au bonheur sans toi!
Je t'aurais entraîné, païenne,
Au fond de nos enfers maudits,
Et je vais te suivre, chrétienne,
Au sein de son beau Paradis!

(Elle retourne à son père.)

Dieu le veut, reçois, ô mon père
Ce baiser pour dernier adieu;
Jusqu'au jour heureux que j'espère,
Au revoir!... au revoir!.. mon père,
Au revoir!... bientôt!... près de Dieu!

Il s'agite!... Ma voix a frappé son oreille!
Sa main tremblante a retenu ma main!
Comment partir s'il se réveille!
O cri du sang vainqueur! ô courage inhumain!
Lui qui depuis vingt ans, sur mes jeunes pas veille!
Le laisser défaillant au bout de son chemin!
Comment partir s'il se réveille!...
Il se calme!... ah! prions, pour qu'au moins il sommeille,
Heureux jusqu'à demain!

(A genoux près du lit.)

Seigneur, écoutez ma prière,
Pour ce vieillard en cheveux blancs!
Qu'un rayon de votre lumière
Dirige ses pas chancelants!
Que cette nuit, un divin rêve
Offre mon triomphe à ses yeux,
Et que demain le jour se lève
Dans son cœur, comme dans les cieux!

(Elle s'éloigne graduellement.)

Dieu le veut, je t'attends, mon père,
Ce baiser n'est pas un adieu;
Jusqu'au jour heureux que j'espère.
Au revoir!... au revoir!... mon père.
Au revoir!... bientôt! près de Dieu!

(Elle sort. — La toile tombe.)

ACTE V.

SCÈNE DERNIÈRE.

(L'amphithéâtre du cirque. L'empereur Galérius sur son trône. La cour à ses côtés. Prétoriens, licteurs, gladiateurs. Retiaires prêts à ouvrir les loges des bêtes féroces. Tout autour, à perte de vue, la foule échelonnée sur les gradins.)

Eudore se dégage des mains des gladiateurs, et entre seul dans l'arène ; ses habits sont couverts de sang. Il porte au cou une feuille de papyrus, avec ces mots : « EUDORE, CHRÉTIEN. »

EUDORE. Enfin je vais mourir pour le Dieu que j'adore,
Victime abandonnée aux jeux du peuple-roi.
Tigres ! venez broyer la dépouille d'Eudore :
Martyrs, ouvrez vos rangs au martyr de la foi !

(Une voix crie : « Eudore ! »)

Mais quelle voix m'appelle en cet amphithéâtre ?
Qui traverse les flots de ce peuple idolâtre ?
Une vierge chrétienne ici porte ses pas !
C'est elle, juste Dieu ! — Gladiateur, arrête !
Cieux où j'allais monter, fermez-vous sur ma tête !
Cymodocée est dans mes bras !

(Cymodocée, vêtue de la robe des condamnés, accourt du sommet de l'amphithéâtre, s'élance à travers la foule, et se jette dans les bras d'Eudore.)

CYMODOCÉE. C'est moi ! vers vous je suis venue,
Pour vous sauver ou mourir comme vous !
Ouverts à mon âme ingénue,
Vos livres saints me disaient tous :
« Jusqu'à la mort suis ton époux. »
Et moi, vers vous je suis venue
Pour vous sauver ou mourir comme vous.

EUDORE. Pour mourir vous êtes venue !
Mais si je meurs, je veux mourir sans vous.

CYMODOCÉE. Avec vous je veux vivre, ou mourir avec vous.

EUDORE. Cymodocée ! ah ! si tu m'aimes,
Je t'en conjure en frémissant,
Epargne à mes douleurs suprêmes
L'horreur de voir couler ton sang !

Où prendras-tu, faible chrétienne,
La force qui dompte l'effroi ?
Si ma foi tremble avant la tienne,
Seras-tu plus ferme que moi ?

CYMODOCÉE.
L'amour, qui faisait ma faiblesse,
L'amour même en sera vainqueur.
Que sur ton cœur ta main me presse,
Je serai forte sur ton cœur.
Là, je saurai braver la rage
Des lions aux regards sanglants.
Oui, je trouverai le courage
Dans tes bras meurtris et brûlants !

LE PEUPLE.
Que la vierge meure !
Par Pluton, roi de l'enfer,
Qu'on ouvre sur l'heure
Les cages de fer.

EUDORE.
Enfant ! déjà le peuple gronde ;
Les bourreaux vont lâcher les tigres furieux.
Va calmer la douleur profonde
D'un père dont tes jours sont le bien précieux,
D'un père qui mourra, sans que personne au monde
Soit là pour lui fermer les yeux !

CYMODOCÉE.
Mon père, détrompé par cette mort féconde,
Pour notre Dieu bientôt abjurera ses dieux !

EUDORE.
Tant de bonheur encor sur le sol des aïeux
Attendait la fille d'Homère !

CYMODOCÉE.
Qu'importe à la fille d'Homère
La joie ou la douleur de cette vie amère !
Tant de gloire aujourd'hui nous attend dans les cieux !

EUDORE.
Eh bien, viens chercher le courage
Dans mes bras meurtris et brûlants !

CYMODOCÉE.
Oui, je trouverai le courage
Dans tes bras meurtris et brûlants !

ENSEMBLE.

EUDORE.
Là, tu sauras braver la rage
Des lions aux regards sanglants !

Dieu t'a donné, vierge chrétienne,
La force qui dompte l'effroi.
Ma foi ne craint plus pour la tienne ;
Tu sauras mourir comme moi !

CYMODOCÉE. Là, je saurai braver la rage
Des lions aux regards sanglants !
Dieu m'a donné, vierge chrétienne,
La force qui dompte l'effroi.
Ta foi peut compter sur la mienne ;
Je saurai mourir comme toi !

LE PEUPLE. O maître du monde !
Donne le signal de mort :
Vois leur bouche immonde
Te blasphémer sans remord.
César, maître du monde,
Livre-les à la mort !

EUDORE. C'en est fait.

CYMODOCÉE. Dieu le veut !

EUDORE. C'est lui qui nous appelle.

CYMODOCÉE. Qu'on nous livre à la mort !

EUDORE. A l'immortalité !

(Elle présente à Eudore son anneau de fiancée.)

CYMODOCÉE. Sur cet anneau sacré que notre sang se mêle !

EUDORE. Symbole de bonheur !

CYMODOCÉE. Gage de liberté !

(Il trempe l'anneau dans le sang de ses blessures, et le met au doigt de Cymodocée.)

EUDORE. Unis par le triomphe.

CYMODOCÉE. Unis par le supplice.

EUDORE. Que notre chaste hymen, ici-bas commencé,
Dans le ciel aujourd'hui pour jamais s'accomplisse !

(Tous deux s'agenouillent.)

Grand Dieu, reçois l'épouse avec le fiancé !

ENSEMBLE.

Grand Dieu, reçois l'épouse avec le fiancé !

(Eudore se relevant et s'adressant à la foule.)

EUDORE. Rome ! entends ma parole
Pour la dernière fois.

Tes Dieux s'en vont ! ton Capitole
Ne renaîtra que sous la Croix !
Oui ! tu viendras en ces lieux mêmes,
Reniant tes folles clameurs,
Adorer ce que tu blasphèmes,
Bénir le Dieu pour qui je meurs !

CYMODOCÉE.

Oui ! c'est ici le temple,
C'est l'autel nuptial !
Peuple immense qui nous contemple,
Sois notre cortége royal !
Que chantez-vous, ô chœurs des anges ?
C'est le chant des nouveaux époux !
Ouvrez-nous vos saintes phalanges !
Descendez au-devant de nous !

EUDORE.
Cymodocée !

CYMODOCÉE.
Eudore !

EUDORE.
Prends ce bras fraternel !
Ame qu'en Dieu mon âme adore,
Allons au bonheur éternel !

(Ils se donnent le bras.)

ENSEMBLE.

Allons au bonheur éternel !

ENSEMBLE.

Oui ! c'est ici le temple,
C'est l'autel nuptial !
Peuple immense qui nous contemple.
Sois notre cortége royal !
Chantez, chantez, ô chœur des anges,
L'hymne saint des nouveaux époux !
Ouvrez-nous, ouvrez vos phalanges,
Descendez au-devant de nous !

EUDORE.
Cymodocée !

CYMODOCÉE.
Eudore !

EUDORE.
Prends ce bras fraternel !

ENSEMBLE.

Ame qu'en Dieu mon âme adore,
Allons au bonheur éternel !

(Les retiaires ouvrent les loges. — La toile tombe.)

Paris, — Typ. Schneider et Langrand, rue d'Erfurth, 1.

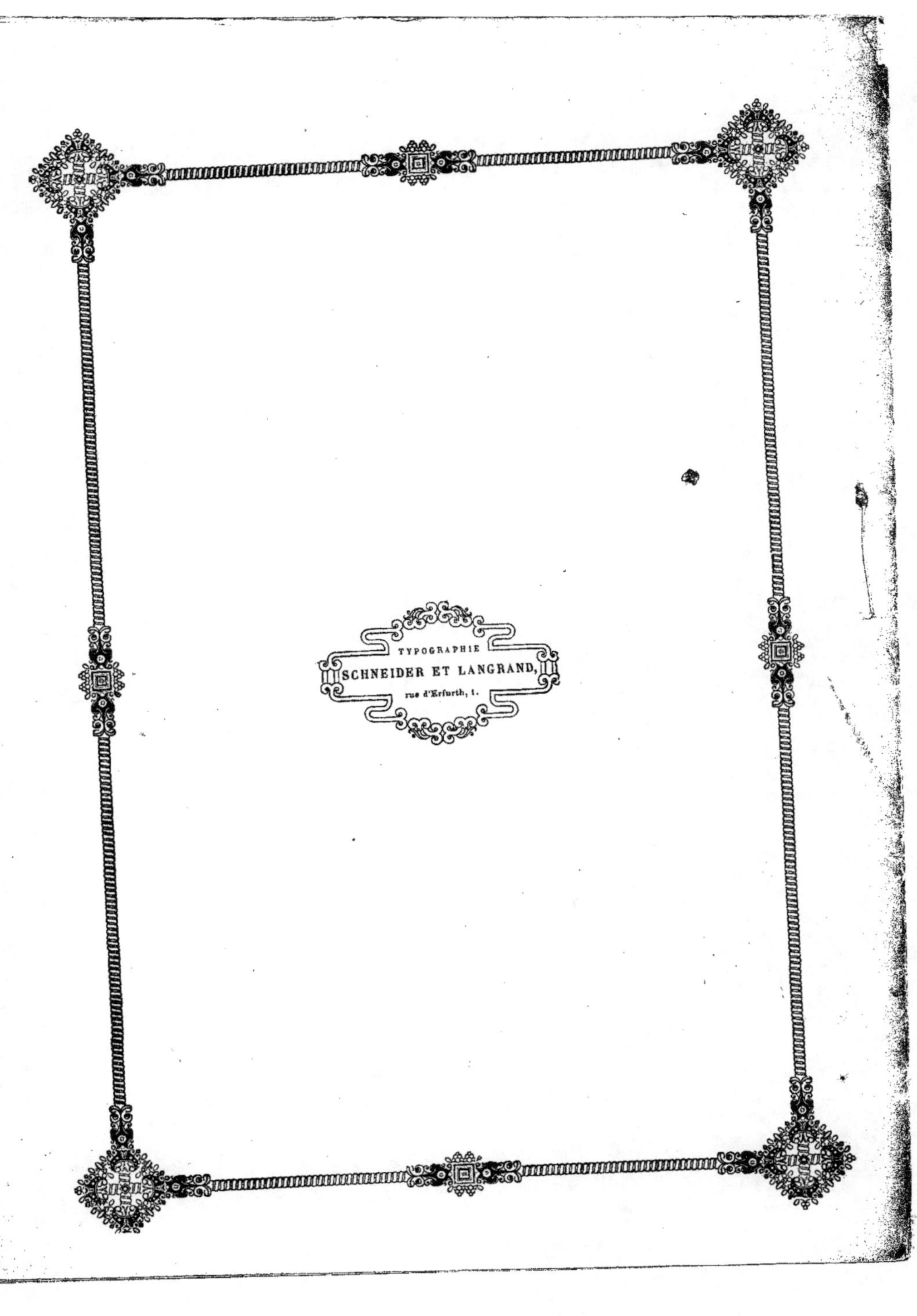

TYPOGRAPHIE
SCHNEIDER ET LANGRAND,
rue d'Erfurth, 1.

www.ingramcontent.com/pod-product-compliance
Lightning Source LLC
LaVergne TN
LVHW052020160826
845678LV00003B/1128
9782329638799